D1723598

Gottes schöner Garten

Gottes schöner Garten

collection b

Die Illustrationen dieses Bandes
sind entnommen aus dem Band Nr. 4326 (lat.)
der Sammlung Barberini
in der Vatikanischen Bibliothek.

ISBN 3-438-04394-7
© 1996 Deutsche Bibelgesellschaft, Stuttgart
Bibeltexte: Lutherbibel, revidierte Fassung 1984
Gestaltung: Edgar Dambacher
Satz: TypoSatz Bauer, Fellbach
Amerikanische Originalausgabe unter dem Titel
»Treasures of the Vatican Library: Consider the Lilies«
© 1994 Turner Publishing, Inc.
1050 Techwood Drive, N.W.
Atlanta, Georgia 30318

Printed in Hong Kong

Vorwort

Dieser Band enthält eine Auswahl von bekannten Worten der Bibel und meisterhaften Miniaturen der Buchmalerei. Sie stammen aus dem reichen Schatz der Vatikanischen Bibliothek. Ihre Sammlung von Schriften aus der klassischen Antike, dem Mittelalter und der Renaissance gehört zu den größten der Welt. Die Ursprünge der Vatikanischen Bibliothek reichen bis ins 6. Jahrhundert zurück.

Ihr eigentlicher Gründer aber war Papst Nikolaus V., der sie 1475 offiziell eröffnete. Sie wurde zu einem Zentrum der Wissenschaft und zugleich zu einem einzigartigen Denkmal der Buchkunst. Bis heute ist der Zugang zur Vatikanischen Bibliothek der akademischen Welt vorbehalten: Nur Gelehrte, die ein Empfehlungsschreiben ihrer Universität vorweisen können, erhalten Zutritt. Die Bände dieser Reihe geben also einen Einblick in die der Öffentlichkeit sonst unzugängliche Welt der Handschriften und ihrer einzigartigen Buchmalereien.

Ihre erste Blütezeit erlebte die Vatikanische Bibliothek unter Papst Sixtus IV., der prachtvolle, freskengeschmückte Räume für die päpstliche Bibliothek errichten ließ. In seiner Amtszeit wuchs der Bestand an Büchern enorm: Im Jahre 1455 enthielt die Bibliothek 1200 Bände, ein Katalog von 1481 führt bereits 3500 Bände auf. Seit dieser Zeit hat sich die Vatikanische Bibliothek ständig vergrößert: durch Schenkungen, Einkauf und sogar durch militärische Eroberungen. So wurden während des Dreißigjährigen Krieges im Jahre 1623 fast die gesamten Bestände der Bibliotheca Palatina der protestantischen Universitätsstadt Heidelberg als Beute nach Rom gebracht. Zu den Schätzen der Vatikanischen Bibliothek gehören ebenso die Bibliotheca Regina der Königin Christiana von Schweden und die des Herzogs von Urbino, ferner der Barberini, Ottoboni und Chigi aus dem 17. Jahrhundert.

Von Anfang an hatte die Sammlung der Vatikanischen Bibliothek einen besonderen Charakter. Sie umfaßte natürlich Bibeln und Schriften über Theologie und kanonisches Recht. Da sie aber einen wesentlichen Impuls dem Geist der Renaissance und seiner Wiederentdeckung der klassischen Antike verdankt, ist sie auch auf säkulare Werke der lateinischen und griechischen Klassiker spezialisiert. In diesen Texten sahen die Päpste die beste Quelle für Wissenschaft und Kunst. Dadurch wurde die Vatikanische Bibliothek ein Zentrum der humanistischen Bildung der Renaissance. Heute enthält die Bibliothek über zwei Millionen gedruckter Bücher und Seriendrucke, davon über 8000 Wiegendrucke, also Bücher aus den ersten fünfzig Jahren des Buchdrucks, außerdem etwa 75 000 Manuskripte und ungefähr 100 000 Drucke.

Dieser Band gewährt seinen Betrachtern einen kleinen Einblick in die reichen Schätze der Vatikanischen Bibliothek – und mit ihnen und durch sie in das Buch der Bücher. Die Bilder und Bibeltexte, die hier zusammengestellt sind, beschäftigen sich mit Pflanzen und Blumen, die ein Bild sowohl für die Güte Gottes als auch für die Vergänglichkeit des Menschen sein können. Ihre verschwenderische Schönheit hat zu allen Zeiten die Menschen inspiriert und beflügelt.

Seht die Lilien an, wie sie wachsen:
sie spinnen nicht, sie weben nicht.
Ich sage euch aber,
daß auch Salomo
in aller seiner Herrlichkeit
nicht gekleidet gewesen ist
wie eine von ihnen.

LUKAS 12,27

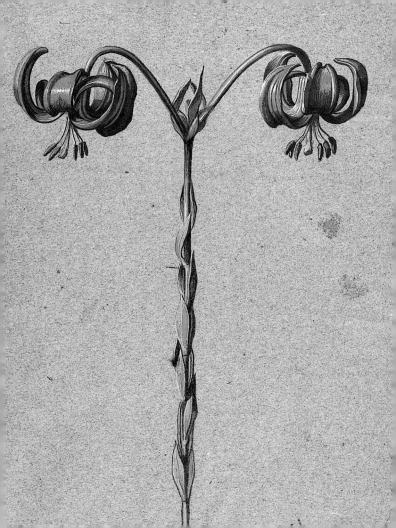

Mein Freund antwortet
und spricht zu mir:
»Steh auf, meine Freundin,
meine Schöne, und komm her!
Denn siehe, der Winter ist vergangen,
der Regen ist vorbei und dahin.
Die Blumen sind aufgegangen im Lande,
der Lenz ist herbeigekommen,
und die Turteltaube läßt sich hören
in unserm Lande.«

Hoheslied 2,10-12

Laßt uns Kränze tragen
von Rosenknospen,
ehe sie welk werden.
Keine Wiese bleibe von unserm
übermütigen Treiben verschont,
damit man überall merkt,
wie ausgelassen wir gewesen sind.
Denn das ist unser Teil,
und das ist unser Los.

WEISHEIT 2,8-9

Und Gott sprach:
»Es lasse die Erde aufgehen Gras
und Kraut, das Samen bringe,
und fruchtbare Bäume auf Erden,
die ein jeder nach seiner Art
Früchte tragen, in denen ihr Same ist.«
Und es geschah so.
Und Gott sah, daß es gut war.

1. MOSE 1,11-12

Wohl dem, der nicht wandelt
im Rat der Gottlosen noch tritt
auf den Weg der Sünder
noch sitzt, wo die Spötter sitzen,
sondern hat Lust am Gesetz des Herrn
und sinnt über seinem Gesetz
Tag und Nacht!
Der ist wie ein Baum,
gepflanzt an den Wasserbächen,
der seine Frucht bringt zu seiner Zeit,
und seine Blätter verwelken nicht.

Psalm 1,1-3

Wie der Ofen die neuen Töpfe erprobt,
so kann man den Menschen erproben
an seiner Rede.
An den Früchten merkt man,
wie der Baum gepflegt ist;
ebenso merkt man an der Rede,
was das Herz denkt.

SIRACH 27,6-7

Und die welke Blume
ihrer lieblichen Herrlichkeit,
die da prangt hoch
über dem fetten Tal,
wird sein wie eine Frühfeige
vor dem Sommer,
die einer erspäht und flugs
aus der Hand verschlingt.

JESAJA 28,4

So ging auch ich, die Weisheit,
hervor wie ein Seitenarm aus dem Strom
und wie ein Wassergraben,
der in den Lustgarten geleitet wird.
Ich sprach: »Ich will meinen Garten
bewässern und meine Beete tränken.«
Da wurde mein Wasserarm zum Strom
und mein Strom zum Meer.
Nun lasse ich meine Lehre leuchten
weithin wie der lichte Morgen
und lasse sie scheinen
bis in die Ferne.

Sirach 24,40-45

Denn es gibt keinen guten Baum,
der faule Frucht trägt,
und keinen faulen Baum,
der gute Frucht trägt.
Denn jeder Baum wird
an seiner eigenen Frucht erkannt.
Man pflückt ja nicht Feigen
von Dornen, auch liest man nicht
Trauben von den Hecken.
Ein guter Mensch bringt Gutes
hervor aus dem guten Schatz
seines Herzens; und ein böser
bringt Böses hervor aus dem bösen.

LUKAS 6,43-45

Ich will für Israel wie ein Tau sein,
daß es blühen soll wie eine Lilie,
und seine Wurzeln sollen ausschlagen
wie eine Linde und seine Zweige
sich ausbreiten, daß es
so schön sei wie ein Ölbaum
und so guten Geruch gebe
wie die Linde.
Und sie sollen wieder
unter meinem Schatten sitzen;
von Korn sollen sie sich nähren
und blühen wie ein Weinstock.

Hosea 14,6-8

Alles Fleisch ist Gras,
und alle seine Güte ist wie
eine Blume auf dem Felde.
Das Gras verdorrt, die Blume verwelkt;
denn des Herrn Odem bläst darein.
Ja, Gras ist das Volk!
Das Gras verdorrt, die Blume verwelkt,
aber das Wort unseres Gottes
bleibt ewiglich.

JESAJA 40,6-8

Ein Bruder, der niedrig ist,
rühme sich seiner Höhe;
wer aber reich ist,
rühme sich seiner Niedrigkeit,
denn wie eine Blume des Grases
wird er vergehen.

JAKOBUS 1,9-10

Gesegnet ist der Mann,
der sich auf den Herrn verläßt
und dessen Zuversicht der Herr ist.
Der ist wie ein Baum, am Wasser gepflanzt,
der seine Wurzeln zum Bach hin streckt.
Denn obgleich die Hitze kommt,
fürchtet er sich doch nicht,
sondern seine Blätter bleiben grün;
und er sorgt sich nicht,
wenn ein dürres Jahr kommt,
sondern bringt ohne Aufhören Früchte.

JEREMIA 17,7-8

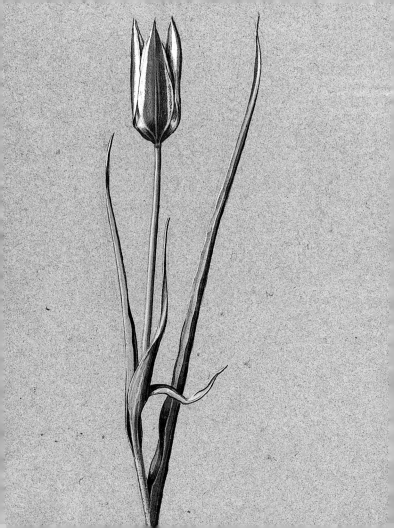

Meine Schwester, liebe Braut,
du bist ein verschlossener Garten,
eine verschlossene Quelle,
ein versiegelter Born.
Du bist gewachsen wie ein
Lustgarten von Granatäpfeln
mit edlen Früchten,
Zyperblumen mit Narden,
Narde und Safran,
Kalmus und Zimt,
mit allerlei Weihrauchsträuchern,
Myrrhe und Aloe,
mit allen feinen Gewürzen.

HOHESLIED 4,12-14

Gehorcht mir,
ihr frommen Söhne,
und ihr werdet wachsen
wie die Rosen,
an den Bächen gepflanzt.

<small>SIRACH</small> 39,17

Ihr werdet lieblichen Duft
geben wie Weihrauch
und blühen wie die Lilien.
Verbreitet Wohlgeruch
und singt ein Loblied!
Lobt den Herrn
für alle seine Werke,
preist seinen Namen herrlich!

SIRACH 39,18-19

Die Wüste und Einöde wird frohlocken,
und die Steppe wird jubeln
und wird blühen wie die Lilien.
Sie wird blühen und jubeln
in aller Lust und Freude.
Die Herrlichkeit des Libanon
ist ihr gegeben,
die Pracht von Karmel
und Scharon.
Sie sehen die Herrlichkeit des Herrn,
die Pracht unsres Gottes.

Jesaja 35,1-2

Ich bin eine Blume in Scharon
und eine Lilie im Tal.
Wie eine Lilie unter den Dornen,
so ist meine Freundin
unter den Mädchen.

<small>HOHESLIED 2,1-2</small>

Werdet ihr in meinen
Satzungen wandeln und
meine Gebote halten und tun,
so will ich euch Regen
geben zur rechten Zeit,
und das Land soll
sein Gewächs geben und
die Bäume auf dem Felde
ihre Früchte bringen.
Und die Dreschzeit soll reichen
bis zur Weinernte,
und die Weinernte soll reichen
bis zur Zeit der Saat.
Und ihr sollt Brot
die Fülle haben und sollt sicher
in eurem Lande wohnen.

3. MOSE 26,3-5

Mein Freund ist mein,
und ich bin sein,
der unter den Lilien weidet.
Bis der Tag kühl wird
und die Schatten schwinden,
wende dich her
gleich einer Gazelle,
mein Freund,
oder gleich einem jungen Hirsch
auf den Balsambergen.

Hoheslied 2,16-17

Die Kundschafter erzählten ihnen
und sprachen:
»Wir sind in das Land gekommen,
in das ihr uns sandtet;
es fließt wirklich Milch
und Honig darin,
und dies sind seine Früchte.«

4. Mose 13,27

Wie ein Apfelbaum unter den
wilden Bäumen, so ist
mein Freund unter den Jünglingen.
Unter seinem Schatten
zu sitzen, begehre ich,
und seine Frucht ist
meinem Gaumen süß.
Er führt mich in den Weinkeller,
und die Liebe ist sein
Zeichen über mir.
Er erquickt mich
mit Traubenkuchen
und labt mich mit Äpfeln;
denn ich bin krank vor Liebe.

HOHESLIED 2,3-5

Die Sonne geht auf mit ihrer Hitze,
und das Gras verwelkt,
und die Blume fällt ab,
und ihre schöne Gestalt verdirbt:
so wird auch der Reiche
dahinwelken in dem,
was er unternimmt.

JAKOBUS 1,11

Der Feigenbaum hat Knoten
gewonnen, und die Reben
duften mit ihren Blüten.
Steh auf, meine Freundin,
und komm, meine Schöne,
komm her!

HOHESLIED 2,13

Und es wird ein Reis hervorgehen
aus dem Stamm Isais und ein Zweig
aus seiner Wurzel Frucht bringen.
Auf ihm wird ruhen der Geist des Herrn,
der Geist der Weisheit und des Verstandes,
der Geist des Rates und der Stärke,
der Geist der Erkenntnis
und der Furcht des Herrn.
Und es wird geschehen
zu der Zeit, daß das Reis
aus der Wurzel Isais dasteht
als Zeichen für die Völker.
Nach ihm werden die Heiden fragen,
und die Stätte, da er wohnt,
wird herrlich sein.

Jesaja 11,1-2.10

Warum geht's doch den Gottlosen
so gut, und die Abtrünnigen
haben alles in Fülle?
Du pflanzest sie ein,
sie schlagen Wurzeln und wachsen
und bringen Frucht.
Nahe bist du ihrem Munde,
aber ferne von ihrem Herzen.

JEREMIA 12,1-2

Und Gott der Herr ließ aufwachsen
aus der Erde allerlei Bäume,
verlockend anzusehen
und gut zu essen,
und den Baum des Lebens
mitten im Garten
und den Baum der Erkenntnis
des Guten und Bösen.

1. Mose 2,9

Ach, es geht mir wie einem,
der Obst pflücken will,
der im Weinberge Nachlese hält,
da man keine Trauben
findet zu essen,
und ich wollte doch gerne
die besten Früchte haben!

M<small>ICHA</small> 7,1

*Und Jesus sprach: »Womit wollen
wir das Reich Gottes vergleichen,
und durch welches Gleichnis
wollen wir es abbilden?
Es ist wie ein Senfkorn:
wenn das gesät wird aufs Land,
so ist's das kleinste unter allen
Samenkörnern auf Erden;
und wenn es gesät ist, so geht es auf
und wird größer als alle Kräuter
und treibt große Zweige,
so daß die Vögel unter dem Himmel
unter seinem Schatten wohnen können.«*

MARKUS 4,30-32

Ja, der Herr tröstet Zion,
er tröstet alle ihre Trümmer
und macht ihre Wüste wie Eden
und ihr dürres Land
wie den Garten des Herrn,
daß man Wonne und Freude
darin findet, Dank und
Lobgesang.

JESAJA 51,3

Das verwüstete Land soll wieder
gepflügt werden, nachdem es
verheert war vor den Augen aller,
die vorüberzogen.
Und man wird sagen:
»Dies Land war verheert,
und jetzt ist's wie der Garten Eden,
und diese Städte waren zerstört,
öde und niedergerissen und stehen nun
fest gebaut und sind bewohnt.«
Und die Heiden, die um euch her
übriggeblieben sind, sollen erfahren,
daß ich der Herr bin, der da baut,
was niedergerissen ist,
und pflanzt, was verheert war.

Hesekiel 36,34-36

Und das Obst, an dem
deine Seele Lust hatte,
ist dahin; und alles,
was glänzend und herrlich war,
ist für dich verloren,
und man wird es
nicht mehr finden.

Offenbarung 18,14

Komm, mein Freund,
laß uns aufs Feld hinausgehen
und unter Zyperblumen
die Nacht verbringen,
daß wir früh aufbrechen
zu den Weinbergen und sehen,
ob der Weinstock sproßt
und seine Blüten aufgehen,
ob die Granatbäume blühen.
Da will ich dir
meine Liebe schenken.

HOHESLIED 7,12-13

Du feuchtest die Berge von oben her,
du machst das Land voll Früchte,
die du schaffest.
Du lässest Gras wachsen für das Vieh
und Saat zu Nutz den Menschen,
daß du Brot aus der Erde hervorbringst,
daß der Wein erfreue des Menschen Herz
und sein Antlitz schön werde vom Öl
und das Brot des Menschen Herz stärke.

Psalm 104,13-15

Wer sich auf seinen Reichtum verläßt,
der wird untergehen;
aber die Gerechten
werden grünen wie das Laub.

SPRÜCHE 11,28

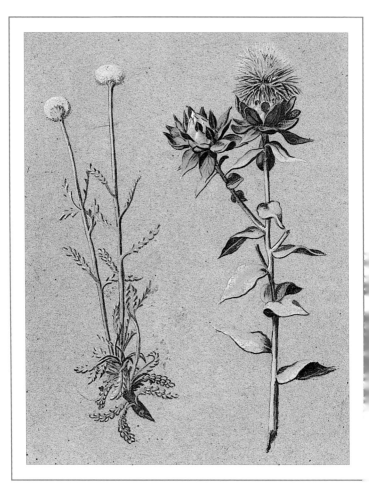

Ich ging am Acker des Faulen entlang
und am Weinberg des Toren,
und siehe, lauter Nesseln waren darauf,
und er stand voll Disteln,
und die Mauer war eingefallen.
Als ich das sah,
nahm ich's zu Herzen,
ich schaute und lernte daraus.

Sprüche 24,30-32